BEI GRIN MACHT SICH IHR
WISSEN BEZAHLT

Psychologische Forschungsmethoden, psychologische Experimente und Berufsbilder. Einführung in die Psychologie

Bibliografische Information der Deutschen Nationalbibliothek:

Die Deutsche Nationalbibliothek verzeichnet diese Publikation in der Deutschen Nationalbibliografie; detaillierte bibliografische Daten sind im Internet über http://dnb.d-nb.de abrufbar.

ISBN: 9783346361585
Dieses Buch ist auch als E-Book erhältlich.

Druck und Bindung: Books on Demand GmbH, Norderstedt Germany
Gedruckt auf säurefreiem Papier aus verantwortungsvollen Quellen

Das vorliegende Werk wurde sorgfältig erarbeitet. Dennoch übernehmen Autoren und Verlag für die Richtigkeit von Angaben, Hinweisen, Links und Ratschlägen sowie eventuelle Druckfehler keine Haftung.

Das Buch bei GRIN: https://www.grin.com/document/992342

Einführung in die Psychologie

Einsendeaufgaben- *Alternative B*

<u>Abgabedatum:</u>   02.05.2020

Inhaltsverzeichnis

Abkürzungsverzeichnis

Abkürzung	Bedeutung
engl.	englisch
lat.	lateinisch
altgriech.	altgriechisch
griech.	Griechisch
z.B.	zum Beispiel
d.h.	das heißt
ggfls.	gegebenenfalls
n.t	nicht teilnehmend
t.	teilnehmend
etc.	et cetera
S.	Seite
Abk.	Abkürzung
vgl.	vergleiche
bspw.	beispielsweise
Abs.	Absatz
o.J.	ohne Jahr
f.	folgend
ff.	fortfolgend

1. Aufgabe B1- Psychologische Forschungsmethoden

Im Unterkapitel 1.1 werden zunächst die grundsätzlichen und fundamentalen Kategorien der psychologischen Forschungsmethoden dargestellt. Anschließend werden im Unterkapitel 1.2 die einzelnen Forschungsmethoden den Kategorien zugeordnet und jeweils erläutert. Die anschließende Einordnung in das Spektrum der internen und externen Validität folgt im Unterkapitel 1.3.

1.1 Kategorien der psychologischen Forschungsmethoden

Grundsätzlich lassen sich die einzelnen, verschiedenen psychologischen Forschungsmethoden den zwei Kategorien *„qualitative"* und *„quantitative"* Methoden zuordnen. Ferner gibt es auch sogenannte „mixed methods", welche die Vorteile beider Methoden vereinen.[1] Unter qualitativen Forschungsmethoden versteht man prinzipiell die Erhebung nicht- standardisierter Daten und deren Analyse. Die Analyse bzw. Auswertung erfolgt nicht statistisch, also mit nicht statistischen Verfahren im Gegensatz zu den quantitativen Forschungsmethoden. Es werden vergleichsweise wenig Daten erhoben. Demzufolge ist der Forschungsansatz ein induktiver, da man anhand weniger Daten und anhand von Einzelfällen Gesetzmäßigkeiten für das Allgemeine erkunden will. Außerdem liegt die Intention primär darin, Hypothesen also Annahmen aufzustellen. Dementsprechend ist die Forschungsoffenheit eher flexibel und lässt vergleichsweise mehr Spielraum zu als bei den quantitativen Forschungsmethoden. Bei den quantitativen Forschungsmethoden geht es darum, möglichst viele Daten zu erfassen und diese auch entsprechend statistisch auszuwerten. Hierbei ist die Datenerhebung standardisiert. Der Forschungsansatz hier ist ein deduktiver, da man anhand vieler Daten und Informationen von der Allgemeinheit Gesetzmäßigkeiten für den Einzelfall erkunden will. Zudem liegt hier die Intention primär darin, Hypothesen zu überprüfen anstatt sie aufzustellen.[2]

---

[1] Vgl. Hussy, Schreier, Echterhoff (2009), Abs.1.4.1 & 10
[2] Vgl. Hussy, Schreier, Echterhoff (2009), Abs. 3.1 & 5

1.2 Zuordnung und Erklärung einzelner Forschungsmethoden

1.2.1 Benennung und Erklärung qualitativer Forschungsmethoden

Bekannte qualitative Forschungsmethoden sind *Fallstudien, qualitative Inhaltsanalysen* sowie *qualitative (Feld-)Beobachtungen.* An dieser Stelle ist zu erwähnen, dass es noch einige weitere qualitative Forschungsmethoden, wie z.B. Aktionsforschungen, qualitative Tagebuchaufzeichnungen oder auch Biografieforschungen gibt.[3] Die Erläuterung aller qualitativen Forschungsmethoden wäre allerdings zu umfangreich, sodass lediglich die wichtigsten und bekanntesten Methoden hier aufgelistet und erklärt werden. Unter Fallstudien versteht man grundsätzlich die Analyse eines konkreten Einzelfalls. Anhand von diesem Fall sollen, wie es typisch und repräsentativ für qualitative Methoden ist, Gesetzmäßigkeiten für das Allgemeine gefasst werden. Man kann auch sagen, es werden Induktionen herausgearbeitet anhand des Falls.[4] Dieses genannte Vorgehen beschreibt den populärsten Ansatz der Fallstudien, nämlich den nomothetischen (griech. Nomos= Gesetz; thesis= aufbauen) Ansatz. Neben diesem Ansatz gibt es einen weiteren, weniger verbreiteten Ansatz, den idiografischen (griech. Idios= eigen; graphein =beschreiben) Ansatz , bei dem es nicht gilt, Gesetzmäßigkeiten herauszufinden, sondern man sich lediglich den individuellen Wesensmerkmalen des bestimmten Einzelfalls widmet und diese beschreibt.[5] Dies kann z.B. im Bereich der Arbeits- und Organisationspsychologie dazu dienen, mögliche Verbesserungen zu modellieren. Fallstudien sind aufgrund Ihrer hohen Anschaulichkeit und dem praktischen Bezug sowie der Tatsache, dass wenig Untersuchungsobjekte benötigt werden, eine sehr beliebte und gängige Methode in der qualitativen Forschung.[6] Unter qualitativen Inhaltsanalysen versteht man die Analyse hinsichtlich bestimmter Kategorien mittels Texten (z.B. Transkripte von Interviews oder Zeitungsartikel), Bildern oder Videoaufzeichnungen. Kategorien können bspw. bestimmte Einstellungen oder Verhaltensweisen sein. Diese Kategorien lassen sich grafisch visualisieren, um so Zusammenhänge und Häufigkeiten sowie mögliche versteckte und latente Botschaften oder Hinweise zu erkennen.[7] Inhalte werden demnach bei dieser Methode geordnet,

---

[3] Vgl. Hussy, Schreier, Echterhoff, Abs.5
[4] Vgl. Hussy, Schreier, Echterhoff, Abs. 5.3
[5] Vgl. Mühlfelder (2017), Psychologie studieren an der SRH, S.31f.
[6] Vgl. Stevenson (2009), S.109f.
[7] Vgl. Stevenson (2009), S.120

kategorisiert und strukturiert und anschließend evaluiert sowie analysiert. Die Durchführung und Auswertung der Inhalte folgt frei und ohne jegliche Standardisierung. Unter qualitativen Feldbeobachtungen versteht man die Aufzeichnungen der Ereignisse und Verhaltensweisen von „Versuchsobjekten" in ihrem natürlichen Umfeld. Hierbei gibt es verschiedene Varianten. So lässt sich die Feldbeobachtung in die teilnehmende Beobachtung und die nicht teilnehmende Beobachtung unterteilen. Bei der teilnehmenden Beobachtung ist der Beobachter selbst Teil der Beobachtung, also man ist z.b. Teil einer Gruppe, die man beobachtet. Die teilnehmende Beobachtung kann man nochmals in aktive und passive Beobachtung unterteilen. Bei der nicht teilnehmenden Beobachtung tritt der Beobachter nicht in Interaktion bzw. Kommunikation mit den Beobachtungsobjekten. Der Beobachter muss auch nicht zwangsweise anwesend sein, da z.b. auch die Beobachtung und Analyse mittels Videoaufzeichnungen, die von anderen aufgenommen wurden, gemacht werden kann.[8]

1.2.2 Benennung und Erklärung quantitativer Forschungsmethoden

Bekannte quantitative Forschungsmethoden sind *quantitative Befragungen, Laborexperimente* sowie *Korrelationsstudien*. Auch hier ist zu erwähnen, dass es noch weitere quantitative Methoden wie z.B. die quantitative Beobachtung gibt.[9] Unter quantitativen Befragungen versteht man standardisierte Fragen, bei denen die Antworten im Gegensatz zu der qualitativen Befragung vorgegeben sind. Demnach kann man qualitative Befragungen auch mit standardisierten Befragungen gleichsetzen. Die Fragen sind meist geschlossen und dichotom (altgriech. dicho= entzwei; temnein= schneiden), das heißt, dass es nur zwei Antwortmöglichkeiten wie z.B. ja/nein gibt.[10] Qualitative Befragungen können mündlich in Form von z.B. standardisierten Telefoninterviews oder standardisierten face-to-face Interviews (Befragungen) stattfinden sowie schriftlich in Form von z.B. digitalen oder analogen Fragebogenstudien. Man kann mithilfe einer Formel den Skalenmittelwert messen, sofern sich die „items" (engl. für Element, Fragen) auf eine Kategorie beziehen. Quantitative Befragungen und speziell (digitale) Fragebogenstudien können dazu dienen, innerhalb kurzer Zeit viel Daten zu sammeln und diese statistisch

---

[8] Vgl. Stevenson (2009), S.114ff.
[9] Vgl. Hussy, Schreier, Echterhoff (2009), Abs. 3
[10] Vgl. Hussy, Schreier, Echterhoff (2009), Abs. 2.3.1

auszuwerten.[11] Unter Laborexperimenten versteht man grundsätzlich die genaue Untersuchung des Einflusses einzelner Faktoren auf andere Faktoren bzw. abhängiger auf unabhängiger Variablen. Hierbei sind die Variablen, Störvariablen sowie die Rahmenbedingungen kontrollierbar und auch veränderbar. So lässt sich die genaue Auswirkung auf eine Variable, wenn man die andere verändert, messen.[12] Der Versuchsaufbau ist folglich einfach, da es lediglich eine „Experimenten"- und „Kontrollgruppe" gibt. Auch sind Laborexperimente oftmals in einem Zug durchführbar und können beliebig oft wiederholt werden.[13] Es ist in diesem Zusammenhang jedoch zu erwähnen, dass bei knapp jeder 20. Studie das Signifikanzniveau von 5% per Zufall überschritten wird und dass bei Replikationsstudien nur noch ca. die Hälfte statistisch relevant ist, da prinzipiell eher Studien mit statistisch signifikanten Effekten veröffentlicht werden und gegenteilige sozusagen in der Aktenschublade landen (engl. „file drawer problem").[14] Unter Korrelationsstudien (lat. correlatio= Wechselbeziehung) versteht man prinzipiell die Untersuchung der Veränderung einer Variable (z.B. x) bei einer Veränderung einer anderen Variable (z.B. y). Es wird also der statistische Zusammenhang und die Wechselbeziehung zwischen Variablen untersucht. Im Gegensatz zu den Experimenten haben Korrelationsstudien keinen Anspruch auf Kausalitätsanalysen, d.h. Korrelationen erkennen zwar den Zusammenhang von Variablen aber nicht die genaue, exakte Auswirkung von Variable x auf Variable y.[15] Demnach ist hierbei die Forschung von Ursache und Wirkung nicht vorhanden. Man spricht von positiver Korrelation, wenn mit steigendem x- Wert auch der y-Wert steigt und von negativer Korrelation, wenn mit steigendem x-Wert der y-Wert sinkt.[16]

1.3 Einordnung interne und externe Validität

Im Folgenden werden die oben erläuterten Forschungsmethoden nun in das Spektrum interne und externe Validität zugeordnet.

Grundsätzlich lässt sich sagen, dass das Laborexperiment eine hohe interne Validität und zugleich eine geringe externe Validität besitzt.[17] Die interne Validität ist deswegen hoch, da sowohl Variablen als auch die Störgrößen bzw. Störvariablen festgelegt

---

[11] Vgl. Mühlfelder (2017), Psychologie studieren an der SRH, S.32f.
[12] Vgl. Hussy, Schreier, Echterhoff (2009), Abs. 3.2.1f.
[13] Vgl. Stevenson (2009), S.100ff.
[14] Vgl. Mühlfelder (2017), Psychologie studieren an der SRH, S.31
[15] Vgl. Renner, Heydasch, Ströhlein (2012), S.89f.
[16] Vgl. Stevenson (2009), S.123f.
[17] Vgl. Mühlfelder (2017), Einführung in die Psychologie, S.35 Schaubild

kontrolliert und variiert werden können. Demnach lassen sich die Rahmenbedingungen bei einem Laborexperiment perfekt kontrollieren. Die externe Validität ist jedoch eine geringe, da die Methode unter künstlichen Bedingungen stattfindet, die zwar relativ realitätsnah gestaltet werden kann, aber trotzdem weniger auf externe Kontexte übertragen und sich somit schlecht generalisieren lässt. Bei der teilnehmenden Feldbeobachtung ist sowohl die interne als auch die externe Validität eine sehr geringe.[18] Dies liegt daran, dass die interne Validität bei Feldbeobachtungen ohnehin schon gering ist, da man keine Kontrolle auf die vorhandenen Variablen und Störgrößen hat und sich z.b. Beobachtete auch oftmals anders verhalten, wenn sie wissen, dass sie beobachtet werden. Durch die Teilnahme (des Forschers) sinkt auch die externe Validität, da man, auch durch den Rosenthal-Effekt, die Ergebnisse nicht wirklich generalisieren kann, weil die Sichtweise sowie die subjektive Erwartungshaltung als auch das soziale System an sich, das beobachtet wird, schon maßgeblich beeinflusst wird, was zu Fehlanalysen und falschen Schlussfolgerungen führen kann. Im Gegensatz dazu ist bei der nicht teilnehmenden Feldbeobachtung zwar die interne Validität ebenfalls gering aus dem oben genannten Grund, die externe Validität ist jedoch wesentlich höher.[19] Dies liegt daran, da die „Versuchsobjekte" in ihrer natürlichen Ökologie also ihrem natürlichen, nicht künstlich gestaltetem Umfeld beobachtet werden. Dadurch, da der Kontext schon ein externer ist und dieser nicht wie bei der teilnehmenden Beobachtung maßgeblich beeinflusst wird, lassen sich die Ergebnisse und Schlussfolgerungen folglich einfach auf den externen Kontext beziehen und auch generalisieren. Bei der Fallstudie ist ebenfalls die interne Validität gering, während zugleich die externe Validität höher ist. Da man bei einer Fallstudie auch nicht „Herr der Variablen und Störgrößen" ist und dementsprechend die Rahmenbedingungen nicht kontrollieren kann und auch keine klaren, präzisen Kausalitäten gezogen werden können, ist die interne Validität folglich gering. Jedoch ist die externe Validität höher, da sich Fallstudien ja immer auf praktische Fälle beziehen und der externe Kontext hier auch schon gegeben ist. Die Ergebnisse lassen sich nicht immer aber oftmals generalisieren, vor allem wenn bei ähnlichen Fallstudien mit ähnlichen Variablen und Rahmenbedingungen gleiche Ergebnisse und Schlussfolgerungen erzielt werden. Dies gilt jedoch nur für den nomothetischen Ansatz von Fallstudien, da hier auch die eindeutige Intention besteht, Gesetzmäßigkeiten

---

[18] Vgl. Mühlfelder (2017), Einführung in die Psychologie, S.35 Schaubild
[19] Vgl. Mühlfelder (2017), Einführung in die Psychologie, S.35 Schaubild

herauszufiltern im Gegensatz zu dem idiografischen Ansatz (siehe 1.2.1). Bei den qualitativen Inhaltsanalysen sind vor allem die interne aber auch die externe Validität gering. Die interne Validität ist deswegen gering, da man keinen Einfluss über die vorhanden Störgrößen hat und so können z.b. bewusste und unbewusste Selektionsbeeinflussungen entstehen. Deswegen können auch keine präzisen Kausalschlüsse gezogen werden. Die externe Validität hingegen ist auch gering, da die Inhalte sich nur auf bestimmte und subjektive Kontexte beziehen und somit schlecht auf die Allgemeinbevölkerung generalisierbar sind. Bei der quantitativen Befragung hingegen hat man eine vergleichsweise mittlere interne Validität aber vor allem auch eine geringe externe Validität. Der Grund für die geringere externe Validität liegt darin, dass bei Befragungen wie z.B. Online- Befragungen oftmals bestimmte Zielgruppen angesprochen werden, was eine Generalisierung für die Gesamtbevölkerung schwierig macht. Die interne Validität ist etwas höher, da die zu erforschenden Variablen vorab durch die Fragen festgelegt werden und durch die Anonymität meistens richtige Angaben gemacht werden. Jedoch können auch Fehler entstehen, die man nicht kontrollieren kann wie z.B. Mehrfacheingaben oder unbeabsichtigtes Falschklicken, gerade bei Online- Fragebogenstudien. Bei der Korrelationsstudie ist die interne Validität eine geringe, da man kein Einfluss über die Variablen und mögliche Drittvariablen oder auch Störgrößen hat und demnach auch keine kausalen Schlüsse zwischen Variablen ziehen kann. Die externe Validität ist auch eher eine geringere, da Zusammenhänge auch durch Zufälle oder eben äußere Gegebenheiten sowie Drittvariablen entstehen können, weswegen man die Ergebnisse nicht gut generalisieren kann.

Diesen Ergebnissen zufolge lässt sich schlussfolgern, dass bei den quantitativen Forschungsmethoden die externe Validität grundsätzlich eine geringe ist, während die interne Validität, vor allem bei dem Laborexperiment, hoch ist. Im Gegensatz dazu ist bei den qualitativen Forschungsmethoden die interne Validität eine geringe, während die externe Validität bei manchen Methoden, vor allem bei der nicht teilnehmenden Feldbeobachtungen, eine hohe ist.

Das folgende eigens erstellte Schaubild visualisiert nochmals die erarbeiteten Ergebnisse hinsichtlich der Einordnung der Forschungsmethoden in interne und externe Validität. Es zeigt auch die Verhältnisse der einzelnen Forschungsmethoden zueinander. Die Schnittstelle unten links kann als Nullpunkt betrachtet werden.

Laborexperiment

Quantitative Befragung

Korrelationsstudie

qualitative Inhaltsanalyse

Fallstudie

Feldbeobachtung (t.)   **Feldbeobachtung   (n.t.)**

Externe Validität

2. Aufgabe B2- Psychologisches Experiment

In dem Unterkapitel 2.1 wird nun erläutert, warum das psychologische Experiment als Königsweg in der naturwissenschaftlich geprägten Psychologie betrachtet wird. Anschließend wird im Unterkapitel 2.2 dargestellt, welche Vor- und Nachteile psychologische Experimente im Vergleich zu anderen sozialwissenschaftlichen Methoden haben.

2.1 Psychologisches Experiment als „Königsweg"

Zunächst lässt sich feststellen, dass psychologische Experimente nochmals in Feld- und Laborexperimente unterteilt werden können. Die Grundeigenschaften sind jedoch die gleichen, nämlich, dass man bei Experimenten Einfluss über die Variablen und Störgrößen hat. Außerdem lassen sich Experimente im Vergleich zu anderen Methoden sehr gut replizieren.[20] An dieser Stelle ist zu erwähnen, dass man Experimente von Quasi- Experimenten unterscheiden muss. Der maßgebliche Unterschied hierbei ist, dass die Zuteilung von Probanden bei Experimenten randomisiert ist und bei Quasi- Experimenten nicht.[21] Bevor nun folgend erklärt wird, warum man das psychologische Experiment als Königsweg in der Psychologie bezeichnet, wird zunächst der Begriff „Königsweg" genauer unter die Lupe genommen. Grundsätzlich bedeutet Königsweg der ideale Weg zu einem hohen Ziel.[22] Das impliziert zum einen, dass das Ziel ein hohes ist, welches keineswegs leicht oder einfach zu erreichen ist und zum anderen, dass der Weg, um dieses hohe Ziel zu erreichen, ein optimaler und perfekter ist. Das heißt allerdings auch, dass man unter gegebenen Umständen mit anderen Wegen, also anderen Methoden, dieses Ziel erreichen kann, was allerdings wesentlich schwerer, von längerer Dauer und wahrscheinlich auch ungenauer wäre. Demnach ist der Königsweg, also das psychologische Experiment, der einzig richtige Weg um das Ziel, also naturwissenschaftliche Erkenntnis, zu erreichen. Dies liegt daran, dass man anhand von psychologischen Experimenten Hypothesen, welche zuvor mit qualitativen Methoden aufgestellt wurden, überprüfen kann. Diese Überprüfung ist nicht etwa ungenau und annähernd, sondern klar und präzise messbar. Diese Präzision erfolgt

---

[20] Vgl. Hussy, Schreier, Echterhoff (2009), Abs. 3.2.1
[21] Vgl. Mühlfelder (2017), Einführung in die Psychologie, S.73
[22] Vgl Duden online, „Königsweg"

eben dadurch, dass man die exakte Auswirkung von einer Variablen auf eine andere unter voller Kontrolle der Störvariablen untersuchen kann. Außerdem lassen sich, wie bereits erwähnt, Experimente replizieren, was die Wahrscheinlichkeit, dass das Ergebnis, was bei einem einmaligen Versuch rauskam, kein Zufall war, erhöht. Im Zusammenhang dazu ist wichtig, dass durch die Replizierbarkeit auch die Gütekriterien der Reliabilität und Objektivität steigen, da es keine Rolle spielt, wer das Experiment durchführt und die Ergebnisse entsprechend zuverlässig sind. Außerdem, und das ist ganz entscheidend, steht der Kausalitätsanspruch, also der Ursache-Wirkungsanspruch bei psychologischen Methoden einzig und allein nur dem Experiment zu. Dieses „Privileg", also die genaue Messbarkeit sowie der Kausalitätsanspruch, kennt man sonst nur aus den Naturwissenschaften und ist in der Psychologie in Anbetracht der anderen Forschungsmethoden eine Besonderheit. Das heißt jedoch nicht, dass andere Forschungsmethoden grundsätzlich schlechter oder gar zwecklos sind. Sie verfolgen lediglich andere Ziele und haben andere Prioritäten. Demnach lässt sich zusammenfassend sagen, dass man das psychologische Experiment aufgrund seiner Präzision und der schieren Unanfechtbarkeit der Ergebnisse bzw. Erkenntnisse als Königsweg in der naturwissenschaftlich geprägten Psychologie bezeichnen kann.

2.2 Vergleich zu sozialwissenschaftlichen Methoden

Zum Vergleich werden nun bekannte sozialwissenschaftliche Methoden herangezogen und dem psychologischen Experiment gegenübergestellt.

2.2.1 systematische Feldbeobachtung

Die systematische Feldbeobachtung findet im Gegensatz zu Experimenten, vor allem Laborexperimenten, in einer natürlichen und keiner künstlichen Umgebung statt. Dadurch lassen sich die Ergebnisse meist besser generalisieren, was ein Vorteil gegenüber Experimenten darstellt. Jedoch ist die Kontrollierbarkeit von Störgrößen bei Experimenten im Vergleich zu der Feldbeobachtung wesentlich höher.[23] Das führt auch dazu, dass man Experimente besser replizieren kann als Feldbeobachtungen, da man bei Beobachtungen nicht die (äußeren) Faktoren sowie die Versuchsobjekte immer genaustens und gleich festlegen kann. Außerdem können bei systematischen

---

[23] Vgl. Mühlfelder (2017), Einführung in die Psychologie, S.35 Schaubild

Beobachtung wesentlich mehr Fehler, wie z.B. ungeschickte Wahl der Beobachtungsform, der Beobachtungskategorien oder auch des Beobachters (mangelnde Objektivität), entstehen im Vergleich zu Experimenten.[24] Feldbeobachtungen sind außerdem zeitaufwändiger als Experimente, da sie oftmals eine längere Dauer der Beobachtung und Auswertung mit sich ziehen. Außerdem lässt sich auch sagen, dass die Ursache-Wirkungsgenauigkeit nur bei Experimenten gegeben ist und demensprechend der Kausalitätsanspruch auch nur dem Experiment zusteht. Unabhängig davon lässt sich sagen, dass die Gemeinsamkeit der Methoden in der Dokumentation und Protokollation besteht.

2.2.2 Fallstudien

Zunächst lässt sich bezüglich Fallstudien sagen, dass hier ebenfalls die Generalisierbarkeit, vor allem gegenüber dem Laborexperiment, ein Vorteil darstellt sowie die Tatsache, dass weniger „Versuchsobjekte" als bei dem Experiment benötigt werden. Hinsichtlich dem Aufwand lässt sich feststellen, dass diese bei Fallstudien höher als bei Experimenten sind, da man den jeweiligen Fall mit seinen Details und Einzelheiten zunächst genaustens untersuchen muss, um anschließend eine Hypothese aufzustellen, während diese bei Experimenten bereits gegeben ist. Außerdem lassen sich Fallstudien im Vergleich zu Experimenten schlechter replizieren, also wiederholen. Dies liegt daran, dass es schwer ist, Fallbeispiele mit den exakt gleichen Eigenschaften, Rahmenbedingungen und Umständen zu finden. Demnach ist die Replikation und Reliabilität aber auch die Objektivität bei Fallstudien eine geringere. Des Weiteren haben Experimente im Gegensatz zu Fallstudien einen Kausalitätsanspruch. Zudem ist die Kontrolle von Störgrößen bei Experimenten um einiges höher. An dieser Stelle ist erwähnenswert, dass bezüglich Fallstudien auch nur der nomothetische Ansatz für die Wissenschaft wirklich brauchbar ist, während bei Experimenten alle Ansätze und Ergebnisse mehr oder weniger wissenschaftlich brauchbar sind.

---

[24] Vgl. Stangl, W. (2012). Die Beobachtung. Lexikon für Psychologie und Pädagogik

2.3.3 Paneluntersuchungen

Paneluntersuchungen sind eine Form von Korrelations- und genauer gesagt Längsschnittstudien. Hier werden bestimmte Personen über einen längeren Zeitraum über ein bestimmtes Thema bzw. Fragestellung befragt.[25] Im Vergleich zu psychologischen Experimenten benötigt man für Paneluntersuchungen wesentlich mehr Zeit und Aufwand und meist auch mehr Budget. Während Experimente in einem Zug durchführbar sind, benötigen Paneluntersuchungen einen wesentlich längeren Zeitraum. Dadurch entsteht das Risiko der sogenannten „Panelmortalität".[26] Das heißt, dass je länger der Zeitraum zwischen den Befragungen andauert, desto höher ist das Risiko ein Teilnehmerschwund, also den Verlust von manchen Teilnehmern, zu erleiden. Demnach ist es schwer wirklich alle Teilnehmer über einen so langen Zeitraum beizubehalten. Dieses Problem hat man bei Experimenten nicht, da sich diejenigen, die sich dazu bereiterklären bzw. verpflichten, an dem Experiment teilzunehmen, auch meist dabei bleiben, zumal sich der Zeitaufwand meist nur auf wenige Minuten oder Stunden bezieht und oftmals auch honoriert wird. Außerdem sind Experimente im Gegensatz zu Paneluntersuchungen replizierbar. Des Weiteren verfügen Panelstudien und auch generell Korrelationsstudien im Gegensatz zu Experimenten über keinen Kausalitätsanspruch, d.h. man kann zwar mögliche Zusammenhänge erkennen und sich ein Gesamtüberblick verschaffen aber keine präzise Aussagen über exakte Auswirkung von Variable A auf Variable B machen, wie das bei Experimenten der Fall ist. Außerdem kann man die Variablen und Störgrößen bei Experimenten besser kontrollieren. Da sich Paneluntersuchungen oftmals auf bestimmte Kohorten, also Personengruppen, beziehen, ist die Generalisierbarkeit fast so gering wie bei Laborexperimenten, jedoch geringer als bei Feldexperimenten. Den Ergebnissen zufolge kann man sagen, dass Panelstudien ausschließlich Nachteile gegenüber Experimenten mit sich ziehen. Allerdings lassen sich mit Panelstudien Entwicklungen zu bestimmten Themen, wie z.B. politische Meinung, über einen längeren Zeitraum untersuchen, was mit Experimenten nicht möglich ist, da man mit diesen zum einen keine Meinungen erforscht und zum anderen die Ergebnisse sich auf die Gegenwart beziehen.

---

[25] Vgl. Mühlfelder (2017), Psychologie studieren an der SRH, S.36f.
[26] Vgl. Stangl, W. (2012). Panel. Lexikon für Psychologie und Pädagogik

3. Aufgabe B3- Berufsbilder der Psychologie

Im Laufe der Zeit entwickelten sich immer mehr Berufsbilder in der Psychologie, da vor allem in den letzten 60 Jahren auch eine Ausdifferenzierung psychologischer Arbeitsfelder stattfand. Die Berufsbilder lassen sich nun ganz grundsätzlich den Bereichen „öffentlich rechtlicher Bereich", „Privatwirtschaft" und „individuelle Niederlassung" unterteilen. Auch ist zu erwähnen, dass viele Arbeitsfelder interdisziplinär arbeiten. Durch diese Entwicklung nahm auch das Bewusstsein zu, dass Psychologie in vielen Lebens- und und Anwendungsbereichen sehr nützlich und notwendig ist.[27] In den Unterkapiteln werden die ausgewählten Berufsbilder klinische/r Psychologe/in, psychologische/r Gutachter/in in der Verkehrspsychologie und pädagogische/r Psychologe/in beschrieben und erläutert.

3.1 Klinische/r Psychologe/in

Grundsätzlich beschäftigen sich klinische Psychologen/innen hauptsächlich mit der Diagnostik und Klassifikation von psychischen Störungen sowie deren Prävention und Therapie. Eine psychische Störung ist eine Gruppe zusammenhängender, klinisch relevanten (also pathologischen) Verhaltens- und Erlebnisweisen, die mit einem hohen Leidensdruck einhergehen.[28] Als Klassifikation von psychischen- und Verhaltensstörungen dient das fünfte Kapitel des ICD-10 (Abk. für „international classification of diseases") oder auch das DSM-5 (Abk. für „Diagnostic and statistical manual of mental disorders").[29] Klinische Psychologen/innen und Psychotherapeuten richten sich bei der Diagnose und Klassifikation an eines der beiden Krankheitsklassifikationssysteme. Prinzipiell ist die Notwendigkeit klinischer Psychologen/innen keine neue, da bei manchen Individuen eine Abweichung an das normale Seelenleben bereits in der Antike erkannt wurde.[30] Allerdings gab es damals noch keine Klassifikationen und Therapieansätze sowie keinen Beruf als (klinische/r) Psychologe/in an sich, sodass eine Behandlung nicht möglich war. Die Therapieansätze heutzutage sind sehr vielfältig und werden individuell und auch probandenabhängig gewählt. Weitere Aufgaben von klinischen Psychologen/innen sind außer der bereits oben erwähnten Diagnostik, Prävention und Therapie, auch die

---

[27] Vgl. Reuter (2014), S.222f.
[28] Vgl. Mühlfelder (2017), Einführung in die Psychologie, S.41
[29] Vgl. Caspar, Pjanic, Westermann (2017), Abs.1.3
[30] Vgl. Reuter(2014), S.225

Beratung und Versorgung von Betroffenen bzw. Bezugspersonen.[31] Aber auch das Erstellen von Gutachten, die Vermittlung und Kooperation von Befunden und Maßnahmen an und mit beteiligten Ärzten und Ämtern, Dokumentationen von Berichten und Krankheitsverläufen, Fortbildungen sowie die Entwicklung von Konzepten für gesundheitliche und psychosoziale Versorgung gehören dazu.[32] Teilbereiche der klinischen Psychologie sind z.b. die klinische Neuropsychologie oder auch die klinische Jugend- und Kinderpsychologie. Auch hat die klinische Psychologie Schnittstellen zur Psychopharmakologie, Psychiatrie und Neurologie. Klinische Psychologen/inne können sowohl in ambulanten (z.b. Praxis) als auch stationären Umgebungen (z.B. Psychiatrie) arbeiten sowie in der Forschung.[33] Grundvoraussetzung, um klinische/r Psychologe/in zu sein ist der Bachelorabschluss in Psychologie sowie der Masterabschluss mit Schwerpunkt klinische Psychologie oder ein Diplom.[34] Sofern man sich nicht nur mit der Beschäftigung (Diagnose) psychischen Störungen befassen will, sondern auch zielgerichtete Behandlungsmöglichkeiten bzw. Therapiemöglichkeiten erlernen und diese ausführen will , benötigt es eine zusätzliche Ausbildung zum Psychotherapeut/in. Ohne diese Ausbildung kann man das im Studium erlernte Wissen bei Patienten nicht anwenden, da man keine Approbation erhält. Es wird derzeit diskutiert, ob ein Masterstudiengang „Psychotherapie" eingeführt werden soll.[35] Neben der Wirtschaftspsychologie wird die Tätigkeit im Bereich der klinischen Psychologie und Psychotherapie von Psychologieabsolventen am meisten priorisiert und rund ein Drittel aller Absolventen entscheiden sich für diesen Bereich.[36] Relevante Grundlagenfächer für klinische Psychologen/inne sind vor allem die biologische Psychologie, die differentielle Psychologie, der Entwicklungspsychologie, die Sozialpsychologie aber auch die allgemeine Psychologie, also kurz gesagt, alle Grundlagenfächer sind für die klinische Psychologie mehr oder weniger relevant. Die Biopsychologie spiegelt sich insofern in der Anwendung klinischer Psychologen/innen wieder, dass physiologische und neurobiologische Prozesse oftmals maßgeblich relevant für das pathologisches Erleben und Verhalten sind. So ist nach dem ICD-10 vor allem die erste Kategorie „organische, einschließlich symptomatische Störungen" ein Beispiel dafür, wie wichtig

---

[31] Vgl. Caspar, Pjanic, Westermann (2017), Abs. 1.1
[32] Vgl. BPD, klinische/r Psychologe/in
[33] Vgl. BPD, klinische/r Psychologe/in
[34] Vgl. Caspar, Pjanic, Westermann (2017), Abs. 1.1
[35] Vgl. Caspar, Pjanic, Westermann (2017), Abs. 1.1
[36] Vgl. Mühlfelder (2017), S.80, Stand 2012

biopsychologische Grundlagen für die Ätiologie und Diagnose von bestimmten psychischen Störungen sind.[37] Auch spielen z.B. bei affektiven Störungen das Gleichgewicht und die Konzentration der Neurotransmitter eine große Rolle. Die Entwicklungspsychologie spiegelt sich insofern in der Anwendung der klinischen Psychologie wieder, dass bereits in der frühen Entwicklungsphase Grundsteine für spätere klinisch relevante Störungen gelegt werden können oder diese Entwicklung an sich schon eine pathologische ist oder gar Störungen erst im weiteren, späteren Verlauf der Entwicklung eines Menschen stattfinden (z.B. im Erwachsenen- oder Seniorenalter). Im Zusammenhang dazu lässt sich sagen, dass Entwicklungsstörungen eine eigene Kategorie im ICD-10 bilden. Ein Beispiel für eine Kodierung dieser Kategorie wäre etwa die Entwicklungsstörung motorischer Funktionen (F82).[38] Es ist zu erwähnen, dass diese Entwicklungsstörungen immer in der frühen Kindheit entstanden sind und dass sie mit der biologischen Reifung des Zentralnervensystems verknüpft sind.[39] Die differentielle Psychologie spiegelt sich insofern wieder, dass Menschen mit bestimmten Persönlichkeitsmerkmalen eine höhere Vulnerabilität bzw. Anfälligkeit für manche psychische Krankheiten haben als andere und diese Merkmale einen erheblichen (Mit-)grund für das Auftreten der jeweiligen psychische Störung darstellen. So sind z.B. Menschen, die wenig emphatisch, misstrauisch und selbstzweifelnd sind und gleichzeitig schlecht mit Kritik umgehen können, anfälliger für eine narzisstische Persönlichkeitsstörung als Menschen mit vergleichsweiser hoher Empathie, Offenheit und einer gewissen Selbstsicherheit. Außerdem können Betroffene anhand der eigenen persönlichen Merkmalen beschreiben, wie sich diese durch die psychische Krankheit verändert haben. Die Sozialpsychologie hingegen spiegelt sich insofern in der Anwendung der klinischen Psychologie wieder, dass oftmals pathologisches Erleben und Verhalten erst in Zusammenhang mit Sozietät auftritt. So macht sich z.B. eine passiv-aggressive Persönlichkeitsstörung oder auch eine Sozialphobie erst bemerkbar, wenn sich Betroffene in einem sozialen Umfeld oder einer Gruppe befinden. Die allgemeine Psychologie wiederrum spiegelt sich insofern in der Anwendung der klinischen Psychologie wieder, dass man anhand von allgemeinpsychologischen Erkenntnissen und Normen Vergleiche zu pathologischen Erleben ziehen kann und diese ggfls. auch

---

[37] Vgl. Dilling, Mombour, Schmidt (2015), S.69
[38] Vgl. Dilling, Mombour, Schmidt (2015), S.317
[39] Vgl. Von Loh (2017), Abs.1

mithilfe von biopsychologischen bzw. neuropsychologischen Methoden messen kann. Ein Anwendungsfach, welches sich in der klinischen Psychologie oftmals wiederspiegelt ist die Arbeits- und Organisationspsychologie, da oftmals eine schlechte Arbeitsbedingung sowie ein schlechtes Umfeld zu Stress und Belastung führt was nicht selten in (vorübergehenden) psychischen Krankheiten endet. Dies geht auch mit der Überschneidung der Gesundheitspsychologie einher, da man hier die Gesundheit eines Menschen erhalten und das Entstehen psychischer Pathologien z.b. mithilfe von Prävention vermeiden will. Auch die pädagogische Psychologie spiegelt sich in der klinischen Psychologie wieder, da viele klinisch relevante Störungen infolge einer ungünstigen Erziehung oder auch eines ungünstigen Bildungsumfelds entstanden sind. Des Weiteren spiegelt sich hier auch die Umweltpsychologie wieder, da sich manche psychische Anomalien erst infolge eines bestimmten Umweltreizes bemerkbar machen. So kann z.b. beim puren Anblick einer harmlosen Spinne Angst entstehen, was spezifische Phobien, in diesem Fall „Arachnophobie", suggeriert.[40] Zuletzt lässt sich auch die Medien- und Kommunikationspsychologie in der klinischen Psychologie insofern wiederspiegeln, dass anhand der Inhalte und den damit verbundenen Wertvorstellungen in Medien, insbesondere in sozialen Medien (eng. social media), psychische Störungen entstehen können, sofern man diese vermittelten Wertvorstellungen nicht hinterfragt und ihnen zugleich nicht gerecht werden kann, obwohl man danach strebt. So kann z.B. Selbsthass entstehen, was schlimmstenfalls in einer Depression enden kann, was dann wiederrum von klinischer Bedeutung wäre.

3.2 Psychologische/r Gutachter/in in der Verkehrspsychologie

Dieses spezielle Berufsfeld vereint die Tätigkeit des Gutachters mit dem Bereich der Verkehrspsychologie. Die Aufgabe besteht grundsätzlich darin, eine Begutachtung der Fahr- und Verkehrseignung auszustellen. Die Begutachtungen finden meist nach Entzug des Führerscheins statt, können aber auch, gerade in speziellen Bereichen wie Luft- und Schienenverkehr vor der Führerscheinaushändigung stattfinden.[41] Diese Begutachtungen finden, wenn der Führerschein entzogen wurde, während einer MPU (medizinisch-psychologisches Gutachten) statt und sind nicht mit dem reinen medizinischen Gutachten zu verwechseln. Demnach wirken Gutachter/innen in der Verkehrspsychologie meist primär im Rehabilitationsprozess von auffälligen Fahrern

---

[40] Vgl. Dilling, Mombour, Schmidt (2015), S.190f.
[41] Vgl. Vollrath, Krems (2011), Abs. 1.2

mit. Fahrern müssen sich einer MPU unterziehen, wenn sie unter Alkohol- oder Drogeneinfluss gefahren sind oder oftmals gegen Verkehrsregeln verstoßen haben.[42] Die jeweiligen Gutachten und psychologischen Gespräche sind individuell und abhängig von der Ursache, weswegen der Führerschein entzogen wurde. Die Voraussetzungen, um als psychologische/r Gutachter/in in der Verkehrspsychologie zu arbeiten sind, entweder ein Diplom oder ein Bachelor und Master des Studiengangs Psychologie zu haben sowie eine zusätzliche fachpsychologische Ausbildung und berufliche Praxis.[43] Die notwenigen Kompetenzen von psychologischen Gutachter/innen in der Verkehrspsychologie bestehen darin, ausreichend Kenntnisse im Bereich der psychologischen Diagnostik zu haben, entscheidungskompetent zu sein, interdisziplinär zu arbeiten sowie über Kenntnisse juristischer und sozialpolitischer Bedingungen zu verfügen, unter denen Mobilität im öffentlichen Raum stattfindet.[44] Der Arbeitsmarkt in der Verkehrspsychologie und speziell als Gutachter/in in der Verkehrspsychologie ist vergleichsweise klein in Anbetracht darüber, wie viel Psychologen/innen z.B. in der klinischen oder auch in der wirtschaftlichen Psychologie tätig sind. Es ist zu erwähnen, dass in diesem Berufsfeld der Forschungsaspekt und auch die Möglichkeit in der Forschung mitzuwirken vergleichsweise relativ gering ist.[45] Es spiegeln sich einige Grundlagen- und Anwendungsfächer in diesem Berufsfeld wieder. Relevante Grundlagenfächer für die Arbeit als Gutachter/in in der Verkehrspsychologie sind vor allem die differenzielle Psychologie, Entwicklungspsychologie aber auch Sozialpsychologie sowie die allgemeine Psychologie und die Biopsychologie. Mithilfe allgemeinpsychologischer Methoden und Normen sowie biopsychologischer Methoden lassen sich Vergleiche zu abnormen psychischen Prozessen im Bereich der Kognition, also vor allem im Denken, der Wahrnehmung aber auch der Reaktionszeit messen. Wenn es z.B. in der Reaktionszeit von einem Fahrer massivste Unterschiede zu allgemeinen Reaktionszeiten von Menschen gibt muss sich ein Gutachter überlegen, ob diese/r Fahrer/in dann noch geeignet ist, um am Straßenverkehr teilzunehmen. Im Zusammenhang dazu kann man mit biopsychologischen Gegebenheiten dazu abwägen, ob der/diejenige für die Teilnahme am Straßenverkehr geeignet ist. Anhand der differenziellen Psychologie wird abgewogen, ob Personen mit z.B. einem sehr

---

[42] Vgl. Vollrath, Krems (2011), Abs. 1.4
[43] Vgl. Vollrath, Krems (2011), Abs. 1.5
[44] Vgl. BPD, Verkehrspsychologe/in
[45] Vgl. Vollrath, Krems (2011), Abs. 1.5.1

hohen aggressiven Potenzial gegenüber anderen Verkehrsteilnehmern weiterhin für das Fahren eines Fahrzeugs geeignet sind. Die Sozialpsychologie spiegelt sich insofern hier wieder, dass sich das Fahren auch immer auf einen sozialen Kontext bezieht, da man als Fahrer auch immer von anderen Verkehrsteilnehmern umgeben ist. Die Entwicklungspsychologie hingegen spiegelt sich dadurch wieder, dass sich mentale und kognitive Fähigkeiten auch im Laufe der Zeit ändern. Dementsprechend muss man bei sehr alten Personen mit klar erkennbaren kognitiven Defiziten entscheiden, ob die weitere Teilnahme am Straßenverkehr noch sinnvoll oder ggfls. gefährdend ist. Auch spielen Anwendungsfächer hier eine große Rolle und spiegeln sich in der Tätigkeit als Gutachter/in in der Verkehrspsychologie wieder. Relevante Anwendungsfächer sind hierbei außer natürlich der Verkehrspsychologie vor allem die Rechts- sowie die Umweltpsychologie, aber auch die klinische und pädagogische Psychologie. Die Verkehrspsychologie untersucht Voraussetzungen für sichere Mobilität und untersucht geeignete Methoden zur Gestaltung von Verkehrsströmen, weswegen sie für den Beruf des Gutachters so wichtig ist.[46] Die Rechtspsychologie kommt im bezüglich dem Verkehr insofern vor, dass aus Rechtsverstößen im Straßenverkehr wie z.B. Fahrerflucht oftmals Führerscheinentzug und MPU resultiert. Das wiederrum impliziert die Arbeit von Gutachter/innnen, die auch die Hintergründe und Ursachen für den Verstoß herausfinden wollen, um so auch abzuwägen, ob der/diejenige weiterhin zumutbar für die Teilnahme am Verkehr ist. Auch die Umweltpsychologie spielt eine Rolle, da sich z.B. bestimmte Autofahrer im Verkehr bei bestimmten Umwelteinflüssen anders als sonst verhalten. So verleitet bspw. eine Straße, bei der kein Ende in Sicht ist und die sich im Industriegebiet befindet, schneller zu fahren als auf einer Straße, die an schönen Landschaften mit viel Blumen vorbeiführt, obwohl die gleiche Geschwindigkeitsvorgabe herrscht. Sofern man sich durch solche Umweltreize oftmals beeinflussen lässt und zum Wiederholungstäter wird folgt schlimmstenfalls eine MPU, was ebenfalls die Arbeit von Gutachtern/innen impliziert. Auch zur klinischen Psychologie gibt es Schnittpunkte hinsichtlich der Frage, ob man weiterhin verkehrstauglich ist beim Auftreten einer psychischen Störung. Die pädagogische Psychologie kann sich in der Arbeit als Gutachter/in in der Verkehrspsychologie insofern wiederspiegeln, dass man den Prozess des „Führerscheinwiedererwerbs" als Erziehungs- und Bildungsmaßnahme betrachten kann.

---

[46] Vgl. Mühlfelder (2017), Einführung in die Psychologie, S.60

3.3. Pädagogische/r Psychologe/in

Grundsätzlich gestaltet die pädagogische Psychologie pädagogische settings (engl. Für Umgebung, Rahmenbedingungen) und Methoden z.b. im Bereich von Kindergarten, Schule oder Ausbildung, also in den Bereichen Bildung und Erziehung. Pädagogische Psychologen/innen widmen sich Themen wie der Interaktion zwischen Lehrer und Schüler bzw. Lehrendem und Lernenden, Faktoren schulischer Leistungen (IQ, Motivation etc.), Gestaltung von Lernmethoden, Gestaltung und Evaluation von Lernplänen, Interventionen bei Lernproblemen und Ängsten oder auch der Gestaltung zielgruppenspezifischer Lernprogramme.[47] Demnach sind die Themen der pädagogischen Psychologie sehr vielfältig und der klassische Bereich der pädagogischen Psychologie, nämlich die Erziehungsberatungsstelle, gehört mehr oder weniger der Vergangenheit an.[48] Mögliche konkrete Berufsfelder der pädagogischen Psychologie wären z.b. die Schulpsychologie, Bildungsberatung oder die Kinder- und Jugendhilfe. Es ist auch zu erwähnen, dass sich pädagogische Psychologen/innen nicht nur mit Kindern und Jugendlichen auseinandersetzen, sondern durchaus auch mit jungen Erwachsenen, die Fort- bzw. Weiterbildungen machen oder die beispielsweise Orientierungsprobleme hinsichtlich der Job- oder Studienauswahl haben oder Arbeitsschwierigkeiten aufweisen.[49] Die Handlungskompetenz reicht ähnlich wie bei der klinischen Psychologie von Diagnostik über Intervention und Evaluation.[50] Es ist an dieser Stelle zu erwähnen, dass es in der pädagogischen Psychologie verschiedene Formen der Diagnostik gibt, wie die *Statusdiagnostik* (Feststellung der individuellen Schulrelfe), die *Prozessdiagnostik* (Verlauf der geistigen Entwicklung), die *Selektionsdiagnostik* (Auswahl von bestimmten Schülern für bestimmte weiterführende Schulen) und auch die *Berufseignungsdiagnostik* (Übereinstimmung von individuellen Kompetenzen mit den jeweiligen Motiven von Berufen).[51] Relevante Grundlagenfächer, welche sich in der pädagogischen Psychologie wiederspiegeln sind vor allem die differentielle Psychologie, die Sozialpsychologie und auch die Entwicklungspsychologie und Allgemeinpsychologie. Vor allem in der Selektionsdiagnostik und der Berufseignungsdiagnostik wird mithilfe von differentiell- psychologischen Ansätzen

---

[47] Vgl. Mühlfelder (2017), Einführung in die Psychologie, S.52
[48] Vgl. Reuter (2014), S. 234
[49] Vgl. Reuter (2014), S. 234
[50] Vgl. Reuter (2014), S. 234
[51] Vgl. Mühlfelder (2017), Einführung in die Psychologie, S.54

gearbeitet, um individuelle Eigenschaften zu erkennen und folglich individuell richtige Entscheidungen bezüglich dem weiteren Schulverlauf oder auch der Berufsauswahl zu treffen. Auch die Sozialpsychologie spiegelt sich in der pädagogischen Psychologie insofern wieder, dass auch gerade das Sozialverhalten Einfluss auf die Bildung und Erziehung nimmt. So muss z.b. bei einem Kind, welches sich bei Gruppenarbeiten nicht richtig integrieren kann, da es über die Gruppenmitglieder bestimmen und die Macht über diese haben will und entsprechend ein antisoziales Verhalten aufweist, interveniert werden, da hier wichtige Sozialkompetenzen, die für das weitere Leben relevant sind, nicht vorhanden sind. Auch die Entwicklungspsychologie spielt vor allem in der frühkindlichen Erziehung aber auch dem späteren Bildungsweg eine immense Rolle. So wird mithilfe entwicklungspsychologischen und allgemeinpsychologischen Ansätzen z.b. abgewogen, ob das jeweilige Kind auf dem Entwicklungsstand seiner Gleichaltrigen ist und ob es über die kognitiven Kompetenzen verfügt, um den Gang in die Grundschule anzutreten (siehe Statusdiagnostik) und/oder der weitere Verlauf bezüglich der mentalen Entwicklung nach, aber auch schon vor Eintritt in die Schule, beobachtet (siehe Prozessidagnostik). Auch spiegeln sich manche Anwendungsfächer in der pädagogischen Psychologie wieder und weisen Schnittstelen auf. So sind die Grenzen zur klinischen (Kinder-)psychologie offen.[52] Klinisch relevante Störungen, wie beispielsweise Formen der Intelligenzminderung oder Entwicklungsstörung wirken sich maßgeblich auf die Erziehung und Bildung sowie den Umgang des betroffenen Kindes aus und bestimmen meist auch den weiteren Verlauf hinsichtlich Bildung und Arbeit. Aber auch bei anderen psychischen Störungen müssen gewissen Maßnahmen und Lernmethoden gestaltet werden, dass Bildung erreicht werden kann. Auch mit der Umweltpsychologie gibt es Schnittstellen. So wirkt sich z.B. die Raumgestaltung, die Belüftung bzw. das Klima, die Stuhlform und auch die Beleuchtung von Klassenräumen maßgeblich auf das Wohlbefinden und die Leistungsfähigkeit der Schüler (und Lehrer) aus. Auch mit der Arbeits- und Organisationspsychologie gibt es Schnittstellen, wie z.B. die Berufseignungsdiagnostik, die allerdings hier von dem Arbeitsgeber und nicht wie bei der pädagogischen Psychologie von unabhängigen „Beratern" gemacht wird, oder auch Fort- und Weiterbildungen samt deren pädagogischen settings.

---

[52] Vgl. Reuter (2014), S. 234

Quellenverzeichnis

- Reuter, Helmut (2014). Geschichte der Psychologie. Göttingen: Hogrefe

- Hussy, Walter; Schreier, Margit & Echterhoff, Gerald (2009). Forschungsmethoden in Psychologie und Sozialwissensschaften (e-book). Heidelberg: Springer

- Renner, Karl-Heinz, Heydasch, Timo & Ströhlein, Gerhard (2012). Forschungsmethoden der Psychologie. Heidelberg: Springer

- Stevenson, Andrew (2009), Studienbegleiter Psychologie. Der kompakte Werkzeugkoffer zum Einstieg. Heidelberg: Springer

- Vollrath, Mark, & Krems, Josef F. (2011). Verkehrspsychologie. Ein Lehrbuch fuer Psychologen, Ingenieure und Informatiker (e-book). Stuttgart: Kohlhammer

- Stangl, Werner (2012). Lexikon für Psychologie und Pädagogik.

- Dilling, Horst; Mombour, Werner & Schmidt, Martin H. (2015). Internationale Klassifikation psychischer Störungen. ICD-10 Kapitel V (10. Auflage). Göttingen: Hogrefe

- von Loh, Siegrun (2017). Entwicklungsstörungen bei Kindern. Medizinische Grundlagen für pädagogische und therapeutische Berufe (2. Auflage, e-book). Stuttgart: Kohlhammer

- Caspar,Franz; Pjanic, Irena & Westermann, Stefan (2017). Klinische Psychologie (e-book). Heidelberg: Springer

- Dudenredaktion (o.J.). "Königsweg" auf Duden online URL:https://www.duden.de/suchen/dudenonline/k%C3%B6nigsweg. Abgerufen am: 25.04.2020

- Berufsverband Deutscher Psychologinnen und Psychologen e.V. (BDP). Berufsfeld: Verkehrspsychologe/in. URL: https://www.bdp-verband.de/binaries/content/assets/beruf/berufsbild/verkehrspsychologie.pdf. Abgerufen am: 20.04.2020

- Berufsverband Deutscher Psychologinnen und Psychologen e.V. (BDP). Berufsfeld: klinischer/r Psychologe/in. URL: https://www.bdp-verband.de/profession/ausbildung/berufsbild.html. Abgerufen am 22.04.2020

- Mühlfelder, Manfred Prof. Dr., Einführung in die Psychologie. Geschichte, Disziplinen, Methoden, Handlungsfelder (2017). Riedlingen: SRH Fernhochschule

- Mühlfelder, Manfred Prof. Dr., Psychologie studieren an der SRH Fernhochschule (2017). Riedlingen: SRH Fernhochschule

BEI GRIN MACHT SICH IHR WISSEN BEZAHLT

- Wir veröffentlichen Ihre Hausarbeit, Bachelor- und Masterarbeit

- Ihr eigenes eBook und Buch - weltweit in allen wichtigen Shops

- Verdienen Sie an jedem Verkauf

Jetzt bei www.GRIN.com hochladen und kostenlos publizieren